Le jar
de la sor

CW00952004

Agnès Bertron est née en 1960 à Saint-Germain-en-Laye. Aujourd'hui, elle habite dans le Sud avec ses quatre garçons. Après avoir longtemps rêvé d'être médecin, elle s'est orientée vers des activités littéraires et artistiques. Elle aime écrire et interpréter des spectacles pour enfants. Mais ce qu'elle adore avant tout, c'est s'occuper de sa famille.

Du même auteur dans Bayard Poche :

La marmaille de la reine - Mousse et Toupet vont à l'école - Flora, chanteuse d'opéra - Flora part à Pékin (Les belles histoires)
Charlie le robot (J'aime lire)

Jacques Azam est né en 1961 dans le Tarn. Il vit aujourd'hui à Toulouse avec sa famille. Autodidacte, il a commencé par faire des dessins de presse adulte. Puis il s'est orienté vers la jeunesse, pour la presse et l'édition. Ses ouvrages sont publiés chez Milan, Bayard Jeunesse et Nathan.

Du même auteur dans Bayard Poche :
Charlie le fantôme - Mon copain vampire (J'aime lire)

Deuxième édition

© 2003, Bayard Éditions Jeunesse
© 2001, Bayard Éditions.
Tous les droits réservés. Reproduction, même partielle, interdite.
Dépôt légal : septembre 2003
Loi du 16 juillet 1949 sur les publications destinées à la jeunesse.

Le jardin de la sorcière

Une histoire écrite par Agnès Bertron
illustrée par Jacques Azam

BAYARD POCHE

1
Un cadeau pour maman

Je m'appelle Anna et j'ai deux grandes
sœurs, Agathe et Alice.

Avant, mes sœurs n'arrêtaient pas de se
moquer de moi parce que je crois à la magie.
Maintenant, les choses ont bien changé !

Tout a commencé un mercredi, quelques
jours avant l'anniversaire de maman. Nous

nous sommes disputées à propos de son cadeau. Alice voulait lui offrir un maillot de bain, Agathe des collants en dentelle. Je trouvais les deux idées aussi nulles l'une que l'autre.

Alice s'est mise en colère :

– Au lieu de critiquer, trouve donc une idée dans ta petite tête !

J'étais vexée. Je suis sortie de la maison en claquant la porte et je me suis assise sur le bord du trottoir. J'en avais, des idées !

Je voulais offrir à maman un lutin chasseur

de chagrins ou une formule magique pour qu'elle ne soit plus jamais en retard quand elle vient me chercher à l'école. Si je leur avais raconté tout ça, à mes sœurs, elles se seraient encore moquées de moi !

Soudain, j'ai vu un papier violet qui flottait dans le caniveau. Je l'ai attrapé et j'ai lu :

Grand jeu-concours de printemps.
Gagnez un jardin en un tour de main*
en téléphonant au : 000 000 000.

Un jardin ! Voilà une idée pour l'anniversaire de maman, elle qui adore les plantes !

* Facilement.

Ce concours arrivait juste au bon moment.
Ce n'était pas de la magie, ça, peut-être ? Je
suis remontée chez moi en courant :

– Alice ! Agathe ! Il y a un jardin à gagner !
Ce serait un cadeau génial pour maman... Il y
a un numéro de téléphone, je vais appeler.

Agathe a soupiré :

– Pauvre idiote, c'est un attrape-nigaud*,
une publicité déguisée pour attirer les gens
dans une jardinerie et leur vendre des plantes.

* Quelque chose qui trompe les gens.

Alice m'a pris le papier des mains, elle a ajouté :

– C'est louche. Ton papier est tout froissé. Et 000 000 000, je n'ai jamais vu ça. C'est sûrement un faux numéro !

– Eh bien, je vais le faire, ce numéro, et on verra...

J'ai composé tous les zéros sur le clavier. Et quand quelqu'un a décroché, j'ai appuyé sur la touche « amplificateur » pour que mes sœurs entendent tout.

Une voix de femme sifflante et mielleuse à la fois m'a répondu :

– Vous appelez pour le jardin ? Venez le visiter, vous ne pourrez plus le quitter. Il va vous plaire, laissez-vous faire...

J'ai demandé :

– Et le concours ? Que doit-on faire ?

Mais la personne ne semblait pas m'entendre. La voix a continué :

– Venez au 7, route des Ânes. Vous jardinerez et peut-être vous gagnerez !

Et la dame a raccroché.

J'ai dit à mes sœurs :

– Vous voyez que c'est un vrai numéro !

Mais elles ont fait la grimace :

– Peuh… On dirait un répondeur. Ce n'est pas une voix naturelle.

– C'est une blague, ce truc. C'est évident. Tu n'es qu'une pauvre petite nouille qui pense gagner un jardin en un tour de main.

Agathe avait dit ça en imitant la voix du télé-phone. Elle pouffait de rire avec Alice. Je les détestais.

Elles sont parties. J'ai tiré la langue vers la porte en criant :

— La pauvre petite nouille va gagner ce jardin toute seule et vous serez bien attrapées, grandes perches !

2
Un jardin merveilleux

Je suis allée chercher mon sac à dos dans ma chambre. J'y ai glissé quelques outils dont maman se sert pour les plantes de l'appartement. Puis j'ai pris mon vélo.

La route des Ânes est à deux kilomètres de chez nous. J'ai trouvé le numéro 7 : c'était la dernière maison avant la forêt. J'ai garé mon vélo devant un portail noir. Aucun panneau n'indiquait le concours.

Agathe avait raison, c'était bizarre. J'ai levé timidement la main vers la poignée. J'avais fait la maligne tout à l'heure, maintenant j'avais peur ! J'allais faire demi-tour quand la porte s'est ouverte toute seule.

J'ai poussé un cri : une dame avec un chapeau biscornu en forme de crapaud se tenait devant moi. Elle a attrapé ma main en souriant :

– Entre, petite. Tu es la première candidate.

La porte s'est refermée derrière moi.

Le jardin que j'avais sous les yeux était si beau que ma peur a doucement disparu.

C'était un jardin rempli d'odeurs délicieuses, de fleurs aux mille couleurs et de fruits qui me faisaient saliver. Je suivais la dame presque malgré moi, en pensant : « Je vais gagner ce jardin toute seule. Ce sera le plus beau cadeau et mes sœurs viendront me supplier de dire que c'est notre cadeau à toutes les trois ! »

Devant la maison, la dame s'est retournée d'un seul coup. Quelle horreur ! Ce n'était plus un chapeau qu'elle avait sur la tête, mais un énorme crapaud vivant ! J'ai poussé un cri et, au même moment, tout a changé autour de moi.

3
La récolte infernale

Le merveilleux jardin s'était évanoui comme de la brume. À sa place, une forêt de plantes gigantesques et tordues était sortie de terre. J'étais terrorisée par cette affreuse magie. J'aurais tant aimé que mes sœurs soient là. Elles m'auraient aidée à fuir ! Il fallait absolument que je m'échappe.

Mais l'horrible crapaud coassait dans l'oreille de la dame. Elle m'a crié :

— Bienvenue dans le jardin de la sorcière Vipère, spécialiste en herbes empoisonnées. J'ai une grosse commande pour ce soir, et j'ai besoin de toi pour tout ramasser. Alors au boulot, sale cafard !

— Mais... mais, ne m'appelez pas comme ça !

J'ai pris mes jambes à mon cou*. Le crapaud chantait une espèce de charabia, quand d'énormes lianes bleues se sont dressées devant moi.

* J'ai couru très vite.

En une seconde, avec une force in-croyable, elles m'ont ligotée et jetée aux pieds de Vipère. Elle s'est penchée sur moi en bavant comme un escargot :

– Tu ne comprends donc pas, bécasse ! Mes lianes te sur-veillent : n'essaie plus de te sauver.

Elle s'est redressée, très fière d'elle :

– J'ai réussi à cultiver, ici, les plantes rares et mauvaises qui servent à préparer des potions magiques !

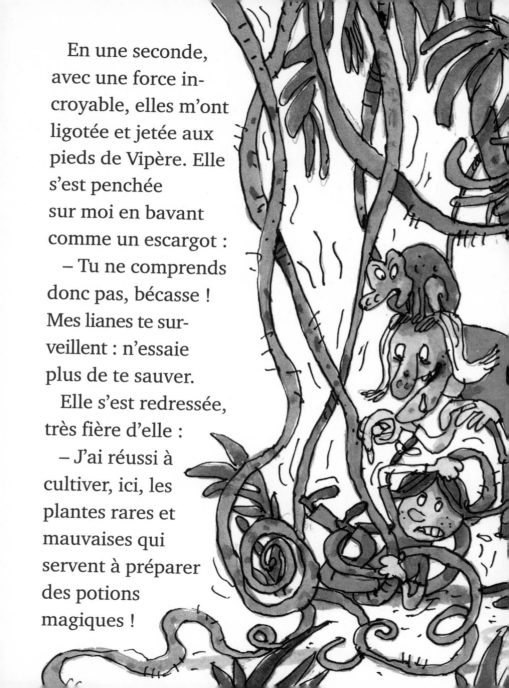

Les yeux du crapaud devenaient comme deux braises, et Vipère s'est énervée :

– Assez discuté ! Cueille les Puantus Cactus ! Ce sont les ronces, à épines poilues... Puis occupe-toi des Poissus Ficcus, ces éponges visqueuses qui pendent des arbres. Et surtout n'oublie pas les Gratus Scotchus, ces fleurs aux griffes pleines de colle. Tu dois tout couper en petits morceaux.

Vipère a sorti de ses jupons des dizaines de petits sacs de toile en criant :

– Ce soir, ces sacs doivent être remplis. Allez, au boulot, lamentable têtard !

Le crapaud a cligné des yeux, et les lianes m'ont libérée. J'avais du mal à respirer. J'ai attrapé une Puantus Cactus, ses épines poilues gigotaient dans mes mains. J'avais beau les déchiqueter, elles repoussaient ! Je me suis alors tournée vers la sorcière :

– Donnez-moi au moins un sécateur* !

– Un sécateur ? Interdit ! Ça détruirait la magie ! Tout doit être fait à la main.

* Gros ciseaux servant à couper les plantes.

J'ai crié en pleurant :

– Je n'y arriverai jamais ! Il y a trop de plantes !

Vipère a claqué de la langue et j'ai senti mes gestes s'accélérer. J'avais l'impression que mes bras allaient se détacher de mon corps.

La sorcière s'était installée au fond de son fauteuil et elle sifflotait. Son crapaud lançait d'épouvantables « Côaaa » !

Tout à coup, je me suis souvenue de mon sac à dos : je l'avais gardé...

La sorcière venait d'emporter les sacs déjà remplis. Elle les comptait en me tournant le dos : c'était le moment !

J'ai sorti le sécateur de maman et, à toute vitesse, j'ai coupé les lianes bleues qui me sur-veillaient : « Tacatac ! Tacatac ! Tacatac ! »

Le temps que Vipère se retourne, je les avais débitées en petits morceaux. La sorcière a bondi sur moi, le crapaud toujours accroché à ses cheveux. Elle m'a arraché l'outil des mains, et elle l'a lancé dans le jardin :

– Petite peste ! Qu'as-tu fait ?

Les lianes n'étaient plus là pour m'empêcher de fuir ! J'ai foncé vers le portail. Mais au moment où je tournais la poignée, la sorcière a de nouveau claqué de la langue. J'ai entendu un « côa » sinistre, mes jambes sont devenues comme du coton. Je me suis effondrée.

À ce moment-là, le portail s'est ouvert, et j'ai vu les têtes d'Alice et d'Agathe dans l'entre-bâillement.

4
Prisonnières de Vipère !

Jamais je n'avais été aussi contente de voir mes sœurs ! Mais Agathe semblait furieuse :

– Tu as vu l'heure ? On te cherche partout. Heureusement, je me souvenais de l'adresse de ton « jardin à gagner ». C'est plutôt dégoûtant, ici ! J'avais raison, c'était une blague, ton concours.

Alice écarquillait les yeux :

– Tu as passé tout ton après-midi dans ce jardin infect ? Je ne te comprendrai jamais. Maintenant, tu rentres avec nous !

La sorcière, surprise par cette arrivée, s'était cachée dans un buisson. Mes sœurs lui tournaient le dos. Mais, moi, je la voyais parfaitement. Elle avançait lentement vers nous. Alors j'ai avoué à Alice et Agathe :

– Je ne peux pas rentrer, je suis prisonnière…

– Tu crois qu'on est venues te chercher pour entendre tes salades ! a hurlé Alice. Alors, mademoiselle est prisonnière ! Et de qui ? D'une sorcière, je parie !

Alice et Agathe m'ont prise chacune par une
main, et elles m'ont tirée vers le portail.
Aussitôt Vipère a crié :

– Stop, espèce de truies* baveuses ! Tout le
monde reste ici !

Alice a demandé :

– Qui c'est, celle-là ?

J'ai juste eu le temps de répondre :

– La sorcière !

Les yeux du crapaud ont changé de couleur.

* Femelle du cochon.

Vipère a levé une main et mes sœurs se sont immobilisées comme des statues.

J'ai murmuré d'une voix tremblante :

– Désolée, ce n'étaient pas des salades !

Vipère a regardé mes sœurs avec une grimace de sorcière ravie :

– Puisque vous êtes ici, vous allez nous donner un coup de main. Il reste encore soixante-treize sacs d'herbes empoisonnées à préparer avant le coucher du soleil, c'est l'heure à laquelle arriveront les cent sorcières.

Oui, CENT ! Et elles veulent chacune un sac.

Vipère a encore claqué de la langue. Immédiatement, nous nous sommes mises au travail, cette fois-ci sans accélération.

Au bout d'un moment, Alice m'a suppliée :

– Anna, trouve une solution. Il faut chasser ce crapaud. Il me terrorise avec ses gros yeux braqués sur moi !

Le crapaud ! Alice avait raison : il ne quittait jamais la sorcière. Pourquoi ? J'avais ma petite idée.

Oui, il fallait trouver une solution, et vite !
Nous avions presque fini notre travail.
Pendant que Vipère comptait les sacs dans son
coin, nous avons préparé un plan. La sorcière
grinçait des dents en comptant :

– ... 98, 99, 100 !

Tout à coup, Alice et Agathe se sont mises à
crier et à se tirer les cheveux. La sorcière s'est
jetée sur elles pour les séparer.

Alors, j'ai attrapé le crapaud à deux mains et
j'ai tiré. Il était bien accroché aux cheveux de
la sorcière. J'ai tiré encore. Enfin, le crapaud a
lâché prise, et je l'ai jeté de toutes mes forces
par-dessus le mur.

5
Le secret du jardin

Quand la sorcière s'est retournée, elle était métamorphosée : ce n'était plus Vipère, mais une adorable vieille dame ! Elle nous a embrassées en sanglotant :

– Venez, mes petites, je vais tout vous expliquer.

Nous nous sommes assises autour d'une table. La vieille dame nous regardait avec de bons yeux reconnaissants :

– Merci, vous m'avez délivrée ! Cette terrible

histoire est arrivée parce qu'une bande de sorcières a décidé que mon jardin était l'endroit par-
fait pour des cultures magiques. Il est discret et
tranquille, mon petit jardin, bien caché derrière
ses hauts murs de pierre. Et puis, c'est le dernier
avant la forêt. C'est dans cette forêt que les
affreuses se réunissent, les nuits de pleine lune.

La vieille dame nous a ensuite expliqué comment, un soir, les sorcières avaient envahi son
jardin.

Elles ont prononcé une centaine de formules magiques, elles lui ont collé un crapaud sur la tête... Et voilà, la vieille dame était devenue à son tour une sorcière, à leur service comme jardinière. C'est en arrachant le crapaud que nous lui avons rendu la liberté.

Soudain, la vieille dame s'est mise à trembler :

– Mon Dieu, mes pauvres enfants ! Les sorcières vont bientôt arriver...

Nous nous sommes levées d'un seul bond en parlant toutes les trois à la fois :

– Il faut nous cacher... les assommer... aller chercher des secours !

Alice a demandé :

– Pourquoi y a-t-il tant de verres, ici ? Est-ce que je peux boire un peu pour me donner du courage ?

La vieille dame a fait la grimace :

– Surtout pas, petite ! Ils sont pleins de jus de limace. Les sorcières aiment en boire avant de repartir.

Mes sœurs et moi, nous nous sommes regardées. Je suis sûre qu'elles pensaient la même chose que moi...

6
Le piège à sorcières

J'ai demandé à la vieille dame si les potions d'herbes mauvaises avaient aussi un effet sur les sorcières.

– Bien sûr, a répondu la vieille dame. Et elles n'hésitent pas à en faire avaler aux sorcières qui les gênent, croyez-moi ! C'est pour ça qu'elles se méfient toujours les unes des autres.

Alice a souri :

– Mais elles ne se méfieront pas de nous !

Nous allons utiliser ces herbes contre elles.

J'ai ouvert quelques sacs de plantes empoisonnées et j'en ai vidé une bonne dose dans chaque verre. La vieille dame était toute ragaillardie* à l'idée de tromper les sorcières :

– J'ai un vieux chapeau tout mou. Je vais lui donner une forme de crapaud et je le mettrai sur ma tête.

Pendant qu'elle trottinait vers sa chambre, nous avons disposé les sacs d'herbes sur la terrasse et, à côté de chacun, un verre de jus de limace bien plein.

* Elle avait retrouvé des forces.

Puis la vieille dame s'est installée dans son fauteuil, de telle façon qu'elle tournait le dos au jardin. Et nous avons couru nous cacher derrière un arbre à Poissus Ficcus.

Juste à ce moment-là, un vent violent s'est engouffré dans le jardin, et d'énormes chauves-souris ricanantes se sont glissées dans la nuit : j'avais l'impression qu'elles frôlaient mes cheveux. C'étaient les sorcières, qui criaient :

– Alors, Vipère, les sacs sont prêts ?

La vieille dame était dans la pénombre, enfoncée dans son fauteuil. Elle a répondu en imitant son ancienne voix :

– Tout est là, servez-vous, mes belles. Je ne bouge pas. Je suis épuisée par la récolte. Mais je vous ai préparé votre jus de limace ! Buvez-le : il est bien frais !

Les sorcières se sont précipitées sur leur verre, en se bousculant. Je les entendais avaler goulûment.

J'ai chuchoté à Agathe :

– C'est notre première potion magique ! En quoi les affreuses vont-elles se transformer ?

La réponse ne s'est pas fait attendre : les dernières gouttes à peine avalées, il y a eu cent étincelles ! Et les cent sorcières se sont transformées en une poignée d'araignées qui se sont éparpillées dans le jardin.

Il faisait sombre mais je me sentais apaisée :
les ombres et les odeurs autour de moi n'étaient
plus les mêmes. Le jardin maléfique s'évanouis-
sait pendant que celui de la vieille dame repre-
nait doucement vie.

La nuit devenait douce et délicieuse. La vieille
dame pleurait de joie :

– Je ne sais pas comment vous remercier !

Moi, j'avais une petite idée...

7
Un anniversaire magique

Ce matin-là, papa a apporté un énorme petit déjeuner au lit. Maman a ouvert ses paquets : un maillot de bain et des collants en dentelle. C'étaient les cadeaux de Papa !

Ensuite, nous avons conduit maman au 7, route des Ânes. La vieille dame était devant le portail grand ouvert. Elle a dit à maman :

– Entrez ! Grâce à vos filles, ce jardin est à vous... Il a un peu souffert ces derniers temps, et je suis trop âgée pour m'en occuper : accepteriez-vous de le faire à ma place, si Alice, Agathe et Anna vous aidaient ?

Maman nous regardait, en ouvrant de grands yeux :

– Incroyable ! Cela fait des années que je rêve d'avoir un jardin.

J'ai ri :

– C'est de la magie, Maman !

Et Alice a ajouté :

– Avec la magie, tout peut arriver dans la vie ! Pas vrai, Anna ?

Des heures de travail nous attendaient. Les affreuses plantes avaient disparu, laissant d'énormes trous dans le sol.

Pourtant, un jour, ce jardin serait magnifique, comme la première fois qu'il m'était apparu. Ça, j'en étais sûre !

J'AIME LIRE

Les premiers romans à dévorer tout seul

 Se faire peur et frissonner de plaisir **Rire et sourire avec**

des personnages insolites **Réfléchir et comprendre la vie de**

tous les jours **Se lancer dans des aventures pleines de**

rebondissements **Rêver et voyager dans des univers fabuleux**

Le drôle de magazine
qui donne le goût de lire

- un roman inédit illustré
- des jeux pour s'amuser et être créatif
- la célèbre BD de Tom-Tom et Nana et bien d'autres surprises !

Disponible tous les mois chez votre marchand de journaux ou par abonnement.

Princesse Zélina

Plonge-toi dans les aventures de Zélina,
la princesse espiègle du royaume de Noordévie.

Découvre les plans
diaboliques de sa
belle-mère qui voudrait
l'écarter du trône...
et fais la connaissance
du beau prince Malik,
un précieux allié
pour Zélina.

Retrouve Zélina
dans *Astrapi*,
le grand rendez-vous
des 7-11 ans.

Tous les 15 jours chez
ton marchand de journaux
ou par abonnement.

Dans le manoir de Mortelune vit une bande de monstres affreux, méchants et bagarreurs : tu vas les adorer !

Retrouve les héros de Maudit Manoir dans le magazine *Astrapi*.

Achevé d'imprimer en septembre 2003 par Oberthur Graphique
35 000 RENNES – N° Impression : 5092
Imprimé en France